新疆的人口发展

（2021 年 9 月）

中华人民共和国
国务院新闻办公室

人民出版社

目　　录

前　言

　　人口是社会生活的主体,是人类社会存在和发展的前提。人类的一切经济社会活动都与人口密切相关,人口发展关乎经济发展、社会和谐、民族兴衰、国家安全。

　　新疆地处中国西北、亚欧大陆腹地,自古以来就是多民族聚居地区。公元前 60 年,西汉中央政权在新疆地区设立西域都护府,标志着新疆地区正式纳入中国版图。2000 多年来,新疆地区众多民族经过诞育、分化、交融,形成了"你中有我、我中有你"的和合共生关系和多元一体格局。

　　中华人民共和国成立前,新疆经济社会发展落后,人口规模小,人口素质低,人均预期寿命短。1949 年新中国成立后,新疆人口特别是少数民族人口数量快速增长,人口素质不断提升,人均预期寿命大幅提高。今日新疆,经济社会全面发展,社会大局持续稳定,各族人民安居乐业,人口发展均衡健康。

一、新疆人口发展的历史

新中国成立前,新疆生产力水平低下,生产方式落后,各族人民深受外国侵略势力、封建剥削阶级和宗教特权阶层的压迫,生活极端困苦,生命毫无保障,人口增长缓慢。据考证,从公元前 60 年到公元 18 世纪中期的 1800 多年间,新疆地区人口一直没有突破 100 万。受战乱等因素影响,1762 年设立伊犁将军时,新疆人口不足 30 万。1884 年,新疆建省。《湘军志》记载,1887 年新疆人口 183.9 万人。1949 年新疆和平解放时,人口达到 433.34 万人。

新中国成立后,新疆人口发展进入崭新的历史时期。随着经济社会的发展、人民生活水平的提高,特别是医疗卫生条件的改善,新疆人口死亡率快速下降,自然增长率大幅上升。在国家大力开发建设边疆、促进民族地区加快发展等方针政策的引领下,大批知识分子和青年积极响应国家号召奔赴新疆,支援边疆建设。在人口自然增长与人口流入双重因素的作用下,新疆人口迅速增长。1953 年第一次全国人口普查数据显示,新疆人口达到 478.36 万人;1964 年第二次全国人口普查数据显示,新疆人口总量 727.01 万人,11 年间,新疆人口增加 248.65 万人,年均增长率 3.88%。到 1978 年中国实行改革开放前,新疆人口总量已增加到 1233.01 万人,比 1949 年净增 799.67 万人,年均增长率 3.67%。

1978 年后,新疆人口进入稳步增长阶段。根据全国人口普查数据,1982 年新疆人口总量 1308.15 万人,1990 年增加到 1515.69 万人,净增 207.54 万人,年均增长率 1.86%;2000 年达到 1845.95 万人,比 1990 年净增 330.26 万人,年均增长率 1.99%。

21 世纪以来,新疆人口进入平稳增长阶段。2010 年第六次全国人口普查数据显示,新疆人口达到 2181.58 万人,比 2000 年增加 335.63 万人,年均增长率 1.68%;2020 年第七次全国人口普查初步汇总数据显示,新疆人口达到 2585.23 万人,比 2010 年增加 403.65 万人,年均增长率 1.71%。2000 年至 2020 年这一阶段,新疆人口增长有所放缓,但年均增长率仍比全国平均水平高出 1.15 个百分点。

从少数民族人口增长看,历次全国人口普查数据显示,1953 年,新疆少数民族人口 445.15 万人,1964 年增加到

494.89 万人,净增 49.74 万人,年均增长率 0.97%;1982 年 779.75 万人,与 1964 年相比,净增 284.86 万人,年均增长率 2.56%;1990 年 946.15 万人,与 1982 年相比,净增 166.4 万人,年均增长率 2.45%;2000 年 1096.96 万人,与 1990 年相比,净增 150.81 万人,年均增长率 1.49%;2010 年 1298.59 万人,与 2000 年相比,净增 201.63 万人,年均增长率 1.7%;2020 年 1493.22 万人,与 2010 年相比,净增 194.63 万人,年均增长率 1.41%。

二、新疆人口的现状

　　2020年第七次全国人口普查初步汇总数据显示，新疆总人口2585.23万人，汉族人口1092.01万人，少数民族人口1493.22万人。与第六次全国人口普查相比，10年间，新疆人口增速居全国第4位，人口增量居全国第8位，人口总量的排位由第25位上升到第21位。

　　从性别结构看，新疆人口中，男性人口1335.44万人，占总人口的51.66%；女性人口1249.8万人，占总人口的48.34%；总人口性别比（每100名女性相对应的男性人数）为106.85，与第六次全国人口普查基本持平。

　　从年龄结构看，新疆0—14岁人口580.62万人，占22.46%；15—59岁人口1712.92万人，占66.26%；60岁及以上人口291.7万人，占11.28%。与2010年相比，0—14岁人口比例上升2.01个百分点，60岁及以上人口比例上升1.62个百分点。与全国平均水平相比，新疆0—14岁人口比例比全国的17.95%高4.51个百分点；60岁及以上人口比例比全国的 18.7% 低 7.42 个百分点,人口的老龄化程度相对较低。

从受教育程度看,新疆 15 岁及以上人口的平均受教育年限由 2010 年 9.27 年提高至 2020 年 10.11 年,比全国人口平均受教育年限 9.91 年高出 0.2 年,居全国第 10 位。与 2010 年相比,每 10 万人口中拥有大学文化程度的由 10613 人增加到 16536 人;拥有高中文化程度的由 11669 人增加到 13208 人;拥有初中文化程度的由 36241 人降低至 31559 人;拥有小学文化程度的由 30085 人降低至 28405 人。

从健康水平看,新疆人口 2019 年平均预期寿命 74.7 岁,比 2010 年提高 2.35 岁。婴儿死亡率、5 岁以下儿童死亡率、孕产妇死亡率分别由 2010 年的 26.58‰、31.95‰、43.41/10 万降至 2020 年的 6.75‰、10.91‰、17.89/10 万。2019 年每千人执业医师数和医疗卫生机构床位数分别达到 2.7 人和 7.39 床,分别比 2010 年增加了 0.58 人和 1.93 床。

从城乡和流动人口结构看,2020 年新疆城镇人口 1461.36 万人,乡村人口 1123.87 万人,分别占总人口的 56.53%、43.47%。与 2010 年相比,城镇人口增加 527.79 万人,乡村人口减少 124.13 万人,城镇人口比例上升 13.73 个百分点。新疆流动人口 805.14 万人。其中,疆内流动人口 466.07 万人,跨省流入人口 339.07 万人。与 2010 年相比,流动人口增加 406.11 万人,增长 101.78%。

从区域分布看,新疆现有 14 个地(州、市),其中,北疆 9 个、南疆 5 个。历史上,南北疆人口数量相差较大,南疆人口一度占全疆人口的三分之二以上。随着经济社会的发展,南北疆人口分布趋于平衡。2020 年,北疆人口 1330.91 万人,占总人口的 51.48%,比 2010 年的 1135.29 万人,增加 195.62 万人;南疆人口 1254.32 万人,占 48.52%,比 2010 年的 1046.29 万人,增加 208.03 万人。

三、维吾尔族人口的发展

新中国成立以来,新疆进入和平发展时期。1955年,新疆维吾尔自治区成立,党和国家在新疆实行民族区域自治制度,坚持各民族一律平等,实施一系列特殊扶持政策,维吾尔族等少数民族人口进入了历史上最好的发展时期。

从人口增长看,新疆维吾尔族人口持续增长。根据历次全国人口普查数据,维吾尔族人口1953年为360.76万人,1964年399.16万人,1982年595.59万人,1990年719.18万人,2000年834.56万人,2010年1000.13万人,2020年1162.43万人。每两次普查间净增人口分别为38.4万人、196.43万人、123.59万人、115.38万人、165.57万人、162.3万人,年均增长率分别为0.92%、2.25%、2.38%、1.5%、1.83%、1.52%。上述数据表明,新中国成立后,维吾尔族人口总体保持较高增长水平,与新疆人口发展的趋势基本一致。

进入新世纪以来,维吾尔族人口从2000年的834.56

万人增长至 2020 年的 1162.43 万人,年均增长率 1.67%,远高于同期全国少数民族人口年均增长率 0.83% 的水平。

从年龄结构看,维吾尔族人口与全疆人口相比,年龄结构轻。2020 年维吾尔族 0—14 岁、15—59 岁、60 岁及以上人口占比分别为 30.51%、60.95%、8.54%。2020 年全疆 0—14 岁、15—59 岁、60 岁及以上人口占比分别为 22.46%、66.26%、11.28%。

从受教育程度看,维吾尔族受教育水平不断提高。第七次全国人口普查数据显示,维吾尔族每 10 万人中拥有大学文化程度的人口为 8944 人,与 2000 年相比增加 6540 人,15 岁及以上人口受教育年限从 2000 年的 7.06 年提高到 2020 年的 9.19 年。

从区域分布看,维吾尔族人口主要分布在喀什、和田、阿克苏、克州等南疆四地州。据 2020 年全国人口普查数据,南疆四地州维吾尔族人口占当地人口的 83.74%,占全疆维吾尔族人口的 74.01%。其中,喀什、和田等地区,维吾尔族人口在 200 万以上,阿克苏地区接近 200 万。

四、新疆人口发展的现实必然性

新疆的人口发展,伴随着工业化、城镇化、现代化进程,经历了高出生、高死亡、低增长到高出生、低死亡、高增长,正在向低出生、低死亡、低增长转变,是经济社会发展、政策法规实施、婚育观念转变等多重因素综合作用的结果,符合世界人口发展的普遍规律。

从经济社会发展看,新中国成立以来,新疆各项事业取得巨大成就。国内生产总值从 1952 年的 7.91 亿元增长到 2020 年的 13797.58 亿元。人均国内生产总值从 1952 年的 166 元提高到 2020 年的 53593 元。教育事业稳步发展。1949 年,新疆仅有 1 所大学、9 所中学、1355 所小学,学龄儿童入学率只有 19.8%,文盲率在 90% 以上。经过 70 多年的发展,新疆已形成从学前教育到高等教育的完整教育体系。至 2020 年,村村建有幼儿园,小学 3641 所、普通中学 1211 所、中等职业学校(不含技工学校)147 所、普通高校 56 所、成人高校 6 所,学前教育毛入园率达到 98% 以上,小学净入学率达到 99.9% 以上,九年义务教育巩固率达到 95% 以上,高中阶段毛入学率达到 98% 以上。阿克苏、克州、喀什、和田四地州实施从幼儿园到高中的 15 年免费教育。1951 年至 2020 年,累计培养高校毕业生 211.5 万人,其中少数民族学生 76.7 万人,占 36.3%。全民健康水平大幅提升。新中国成立前,新疆医疗卫生事业极其落后,只有医疗机构 54 个、病床 696 张,每千人拥有病床 0.16 张、医生 0.019 名。至 2019 年,新疆医疗卫生体系全面形成,医疗机构遍布城乡,共有 18376 个医疗机构、186426 张病床。婴儿死亡率由 1949 年的 400‰以上降至 2020 年的 6.75‰,人均预期寿命由 1949 年的不到 30 岁提高到 2019 年的 74.7 岁。

从政策法规实施看,中国实行计划生育经历了先内地后边疆、先城市后农村、先汉族后少数民族的过程,对少数民族执行有别于汉族的相对宽松政策。新疆依据国家法律法规,结合本地实际制定计划生育相关政策。20 世纪 70 年代初,在汉族人口中先实行计划生育;80 年代中后期,开始在少数民族中鼓励计划生育。1992 年发布的《新疆维吾尔自治区计划生育办法》明确规定,汉族城镇居民一对夫妻生育 1 个子女,农牧民可生育 2 个子女;少数民族城镇居民一对夫妻可生育 2 个子女,农牧民可生育 3 个子女;人口较少民族不实行计划生育。这一差别化生育政策是新疆少数民族人口保持较快增长的重要原因。随着经济社会发展和各族群众生育意愿趋同,2017年新疆修订《新疆维吾尔自治区人口与计划生育条例》,规定各民族实施统一的计划生育政策,即城镇居民一对夫妻可生育2个子女,农村居民一对夫妻可生育3个子女。根据国家人口与计划生育法律政策调整情况,新疆还将进一步调整和完善本地人口与计划生育法规政策。新疆在实行计划生育过程中,始终坚持保障妇幼健康、预防降低出生缺陷、提高家庭生活质量等理念,越来越多的群众知情自主选择安全、有效、适宜的避孕节育措施,育龄妇女自愿接受输卵管结扎术和宫内节育器放置术,大大减轻了各族妇女非意愿妊娠和频繁生育负担。

从婚育观念看,在过去相当长一个时期,新疆尤其是南疆地区,由于宗教极端主义渗透时间长、影响范围广、毒害程度深,大量群众被套上沉重的精神枷锁,正常的社会生活受到严重干扰,不少少数民族群众在婚姻、家庭、生育等方面深受影响,早婚早育、多生密育成为普遍现象。近年来,新疆依法开展去极端化工作,宗教极端主义干预行政、司法、教育、婚姻、医疗等现象得到有效遏制,各族群众对宗教极端思想危害性的认识明显提高,婚姻、生育、家庭观念积极转变,妇女经济、社会和家庭地位不断提高,各族妇女有更多机会接受中高等教育、参与经济社会活动,妇女就业人数和比例大幅提升。仅以 2019 年为例,新疆城镇新增妇女就业 22.81 万人,占城镇新增就业人数的 47.43%。晚婚晚育、优生优育日益深入人心,并成为社会新风尚。

五、新疆人口发展的趋势

随着新疆社会稳定红利的持续释放,未来一个时期,新疆人口特别是少数民族人口将保持稳步增长,人口规模持续扩大,人口素质不断提高,人口流动趋于活跃。

在人口数量方面,新疆少数民族年龄结构相对较轻,育龄妇女规模较大,少数民族人口的增长仍具潜力。随着新疆落实国家优化生育政策,实施一对夫妇可生育3个子女政策,并配套实施积极生育支持措施,将有利于促进人口总量稳步增长。

在人口素质方面,伴随经济社会的不断发展,新疆教育将进入高质量发展阶段,教育改革进一步深化,学前教育普及普惠,义务教育均衡发展,高中阶段教育全面普及,职业教育扩容提质,高等教育实力提升,各族群众受教育程度不断提高。新疆卫生健康体系日趋完善,城乡医疗设施条件显著改善,各族群众享有全方位、全周期健康服务,人口健康素质全面提升。与此同时,新疆将贯彻落实并不断完善妇女权益保障各项法律政策,深入实施妇女发展纲要,持续改善妇女发展环境,促进男女平等,提升各族妇女综合素质,倡导现代文明生活方式,使广大妇女彻底摆脱宗教极端主义桎梏,积极参与社会经济生活,实现自身价值,共享发展成果。

在人口流动方面,新疆生活着汉族、维吾尔族、哈萨克族、回族等56个民族,呈现"大杂居、小聚居、交错杂居"的特点。新疆深入推进以人为核心的新型城镇化,到2035年基本实现城镇化,一批新兴城市将相继建成,城市规模不断扩大,城市聚集人口的效应不断显现。各民族广泛交往、全面交流、深度交融,相互嵌入式社会结构和社区环境更趋完善成熟。受市场导向等因素影响,以上学、务工、经商、旅游等为目的的自发自愿人口流动,在城乡之间、南北疆之间、疆内外之间将更加频繁活跃。加之丝绸之路经济带核心区建设深入推进,以及新时代西部大开发带来新机遇,新疆丰富的资源和区位优势将吸引更多外来人口前来投资兴业和居住生活。

未来的新疆,社会更加和谐稳定,经济更加繁荣发展,就业更加充分,基本公共服务均等化水平明显提高,多层次社会保障体系更加健全,各族群众的获得感、幸福感、安全感不断增强,人民生活更加幸福美好。

六、关于境外反华势力
炒作的几个问题

近年来,境外反华势力大肆炒作"强迫劳动""强制绝育""亲子分离""文化灭绝""宗教迫害"等谬论,疯狂歪曲抹黑新疆,攻击诋毁中国政府的治疆政策,妄图给中国扣上"种族灭绝"的帽子,妖魔化中国。世人皆知,联合国大会1948年通过的《防止及惩治灭绝种族罪公约》对"种族灭绝"有明确规定,"系指蓄意全部或局部消灭某一民族、人种、种族或宗教团体"。对灭绝种族罪的认定,需要由有管辖权的国际司法机构严格依照相关公约和国际法规定的要件和程序进行。中国政府依法保障新疆维吾尔族等少数民族各项权利的铁的事实与境外反华势力的构陷形成鲜明对照。

1. 所谓"强迫劳动"

境外反华势力肆意编造"强迫劳动"谎言,抹黑中国反恐、去极端化工作,打压新疆棉花、番茄、光伏等产业,破坏中国参与全球产业链合作,进而剥夺新疆各族群众的劳动权、发展权,妄图使其处于封闭落后的贫困状态,进而在新疆制造混乱。

事实上,新疆始终坚持以人民为中心的发展思想,高度重视劳动就业和社会保障工作,大力实施积极的就业政策,充分尊重劳动者意愿,依法保障公民劳动权利,积极践行国际劳工和人权标准,落实劳动保障法律法规,维护劳动者合法权益,努力使各族群众都能通过辛勤劳动创造幸福生活、实现自身发展。2014 年至 2020 年,新疆的劳动就业总人数从 1135.24 万人增加到 1356 万人,增长 19.4%;年均新增城镇就业 47 万人,其中,南疆地区 14.91 万人,占 31.72%;农村富余劳动力年均实现转移就业 281.82 万人次,其中,南疆地区 173.14 万人次,占 61.44%。

新疆在反恐和去极端化斗争中依法设立的职业技能教育培训中心(以下简称教培中心),与世界上许多国家推行的去极端化中心、社区矫正、转化和脱离项目等,在本质上没有区别。实践证明,这是预防性反恐和去极端化的成功探索,完全符合《联合国全球反恐战略》、联合国《防止暴力极端主义行动计划》等一系列反恐决议的原则和精神。教培中心提升了学员使用国家通用语言文字的能力和就业能力，增强了学员的国家意识、公民意识、法治意识。2019年10月，教培中心学员全部结业。结业学员或自主择业、或自主创业、或在政府帮助下就业，大都实现了稳定就业。

一直以来，新疆各族劳动者包括教培中心结业学员，都是根据自己的意愿选择职业，并依据《中华人民共和国劳动法》《中华人民共和国劳动合同法》等法律法规，本着平等自愿、协商一致原则，与有关用工单位签订劳动合同，获得相应报酬，不存在任何强迫行为。

2. 所谓"强制绝育"

境外反华势力采取数据造假、无中生有、妄加揣测、玩弄数字游戏等手段，炮制虚假报告，诬称"新疆对维吾尔族等少数民族采取强制性计划生育政策抑制其出生率"，旨在进行"人口灭绝"。

众所周知，中国是一个法治国家，宪法法律明确规定，国家尊重和保障人权，公民有生育的权利，也有依法实行计划生育的义务。中国的计划生育技术服务一直坚持国家指导和个人自愿相结合的原则，公民享有避孕方法的知情选择权。新疆依法实行计划生育，严厉禁止强制节育、强制孕检等行为,各族群众是否采取避孕措施、采取何种方式避孕,均由个人自主自愿决定,任何组织和个人不得干涉。广大妇女享有根据自己身体及家庭情况选择节育的自主权。随着妇女地位的提高和婚育观念的转变,越来越多的妇女倾向于晚婚晚育、少生优生,选择长效避孕措施。一系列数据显示,新中国成立以来维吾尔族人口增长长期保持较高水平,人口规模持续扩大,所谓"抑制出生率""人口灭绝"完全是无稽之谈。

3.所谓"亲子分离"

境外反华势力谎称,新疆"为实施大规模拘禁行动,设置寄宿制学校","阻止维吾尔族父母、亲戚或社区成员抚养其子女",制造"代际分离","同化"维吾尔族。

事实是,《中华人民共和国宪法》《中华人民共和国教育法》明确规定,中华人民共和国公民有受教育的权利和义务。公民不分民族、种族、性别、职业、财产状况、宗教信仰等,依法享有平等的受教育机会。《中华人民共和国义务教育法》也规定,县级人民政府根据需要设置寄宿制学校,保障居住分散的适龄儿童、少年入学接受义务教育。设立寄宿制学校,是中国义务教育阶段的通行做法。2020年全国小学寄宿生 1087.8 万人,占小学在校生的比例为 10.14%;初中寄宿生 2301.17 万人,占初中在校生的比例为 46.83%。新疆地域辽阔,总面积 166.49 万平方公里,村镇距离较远,一些农牧区的群众居住分散,家长接送孩子上学不便。开展寄宿制教育有利于巩固义务教育普及水平、实现教育均衡发展,有利于集中优质教育资源,保障教学质量,同时大大减轻学生家庭负担。寄宿制学校学生周一至周五在校,周末及节假日在家,有事可随时请假。学生是否寄宿,完全由家庭自愿选择。所谓"亲子分离",完全是歪曲事实、造谣污蔑。

4.所谓"文化灭绝"

境外反华势力捏造事实,诬称新疆推广普及国家通用语言文字,旨在"同化"少数民族,消灭少数民族语言文字和文化传统,实施"文化灭绝"。

人所共知,国家通用语言文字是国家主权的象征,学习使用国家通用语言文字是每个公民的权利和义务。不仅中国如此,世界其他国家也是如此。学习和使用国家通用语言文字,有利于促进各民族交往交流交融,推动各民族发展进步。中国政府大力推广和规范使用国家通用语言文字,依法保障各民族使用和发展本民族语言文字的自由。《中华人民共和国教育法》明确规定"民族自治地方以少数民族学生为主的学校及其他教育机构,从实际出发,使用国家通用语言文字和本民族或者当地民族通用的语言文字实施双语教育"。

新疆依法开展国家通用语言文字教学,同时在中小学开设了维吾尔语、哈萨克语、柯尔克孜语、蒙古语、锡伯语等课程,充分保障了少数民族学生学习本民族语言文字的权利,有效促进了少数民族语言文化的传承发展。少数民族语言文字在教育、司法、行政、社会公共事务等领域得到广泛使用。

中国政府高度重视各民族优秀传统文化的传承、保护和发展。新疆加强文物资源保护传承,交河故城、克孜尔石窟等 6 处文物被列入《世界遗产名录》,楼兰古城等 133 处文物公布为全国重点文物保护单位,9000 余处不可移动文物得到有效保护。新疆积极搜集、保护、抢救了一批各民族古籍,如翻译出版了濒于失传的《福乐智慧》,整理出版了蒙古族史诗《江格尔》等多种民间口头文学作品。依托民族乐器制作技艺,维吾尔族桑皮纸制作技艺、地毯织造技艺、哈萨克毡绣和布绣项目设立了 4 个国家级非物质文化遗产生产性保护示范基地。"新疆维吾尔木卡姆艺术""玛纳斯""维吾尔族麦西热甫"等被列入联合国教科文组织人类非物质文化遗产代表作名录和急需保护的非物质文化遗产名录。新疆坚持尊重差异、包容多样、相互欣赏,充分尊重和保护各种民俗文化,实现多元文化和谐共处。"元宵灯会""麦西热甫""阿依特斯""库姆孜弹唱会""那达慕大会""花儿会"等深受各族群众欢迎的民俗活动广泛开展。这一系列事实证明,所谓"文化灭绝"完全是罔顾事实、颠倒黑白。

5. 所谓"宗教迫害"

境外反华势力污蔑新疆限制宗教自由,监视信教群众的宗教活动,禁止穆斯林封斋,强拆清真寺,迫害宗教人士。

尊重和保护宗教信仰自由是中国政府一项长期的基本国策。《中华人民共和国宪法》明确规定,"公民有宗教信仰自由""任何国家机关、社会团体和个人不得强制公民信仰宗教或者不信仰宗教,不得歧视信仰宗教的公民和不信仰宗教的公民""国家保护正常的宗教活动。任何人不得利用宗教进行破坏社会秩序、损害公民身体健康、妨碍国家教育制度的活动"。

新疆依照国家宪法法律,保护公民宗教信仰自由,保障正常宗教活动有序进行。信教群众依照教义、教规和传统习俗,在宗教场所和自己家进行正常宗教活动,包括礼拜、封斋、过宗教节日等,完全遵从个人意愿,不受干涉和限制。新疆翻译出版了中文、维吾尔文、哈萨克文、柯尔克孜文等多种文字的《古兰经》《布哈里圣训实录精华》等宗教经典书籍,为各族信教群众获得宗教知识提供便利。关心关爱宗教人士,将教职人员纳入社会保障体系,免费为其购买医疗保险、养老保险、大病保险、人身意外伤害保险等,每年进行健康体检。重视伊斯兰教教职人员的培养培训,新疆现有10所伊斯兰教院校,培养了一批较高素质的教职人员,有效保障了伊斯兰教健康有序传承。

为满足信教群众正常宗教需求,新疆通过修缮、新建、迁建、扩建等措施,积极改善宗教场所条件,优化环境布局。政府还出资对清真寺实施"七进两有"(水、电、路、气、讯、广播电视、文化书屋进清真寺,主麻清真寺有净身设施、有水冲厕所)、"九配备"(配备医药服务、电子显示屏、电脑、电风扇或空调、消防设施、天然气、饮水设备、鞋套或鞋套机、储物柜),极大便利了宗教人士和信教群众。所谓"宗教迫害",完全是子虚乌有、恶意中伤。

由上可见,境外反华势力炒作的所谓新疆"种族灭绝"是彻头彻尾的谎言,是对中国治疆政策和新疆发展成就的污蔑,是对国际法和国际关系基本准则的严重践踏。美国等一些国家的反华势力俨然以"人权卫士"自居,无视自身对印第安人等土著居民犯下种族灭绝罪行的黑暗历史,无视自身存在根深蒂固的种族歧视等系统性问题,无视自身挑起战乱造成他国数以百万计无辜民众伤亡的人权污点,以己度人,贼喊捉贼,充分暴露了其在人权问题上的双重标准和虚伪丑陋的霸权逻辑。

结　束　语

新疆的人口发展是中国人口发展的缩影，也是新疆发展进步的写照，是统一的多民族国家促进少数民族人口健康发展的成功范例。

70 余年来，新疆人口快速发展，规模持续扩大，素质不断提升，人均预期寿命稳步提高，新型城镇化、现代化加速推进，各族人民团结和谐，共同进步，幸福生活，充分展现了在中国共产党领导下，新疆繁荣发展的光辉历程。

真理必将战胜谬误，正义终将战胜邪恶。新疆人口的发展是经济社会发展的必然结果，是工业化、现代化的必然结果，是过去任何一个历史时期无法比拟的，也是任何尊重事实的人士都不会否认的。境外反华势力编造所谓新疆"种族灭绝"的欺世谎言，企图蒙蔽国际社会，误导国际舆论，阻遏中国发展进步，这种用心险恶的图谋注定不会得逞。

中国政府坚定不移维护国家主权、安全和发展利益，坚定不移促进各民族共同团结奋斗、共同繁荣发展,坚定不移贯彻新时代党的治疆方略,坚持依法治疆、团结稳疆、文化润疆、富民兴疆、长期建疆,努力建设团结和谐、繁荣富裕、文明进步、安居乐业、生态良好的新时代中国特色社会主义新疆。青山遮不住,毕竟东流去。新疆迈向现代化的进程是任何人任何势力都无法阻挡的,新疆的明天必将更加美好!

责任编辑：刘敬文

图书在版编目(CIP)数据

新疆的人口发展/中华人民共和国国务院新闻办公室 著.—北京：人民出版社,2021.10
ISBN 978-7-01-023857-9

Ⅰ.①新… Ⅱ.①中… Ⅲ.①人口-发展-新疆 Ⅳ.①C924.254.5

中国版本图书馆 CIP 数据核字(2021)第 206249 号

新疆的人口发展
XINJIANG DE RENKOU FAZHAN
(2021 年 9 月)
中华人民共和国国务院新闻办公室

人民出版社 出版发行
(100706 北京市东城区隆福寺街 99 号)

中煤(北京)印务有限公司印刷 新华书店经销

2021 年 10 月第 1 版 2021 年 10 月北京第 1 次印刷
开本:787 毫米×1092 毫米 1/16 印张:2
字数:15 千字

ISBN 978-7-01-023857-9 定价:11.00 元

邮购地址 100706 北京市东城区隆福寺街 99 号
人民东方图书销售中心 电话 (010)65250042 65289539